A SQUATTER O

'Stuart Paterson is one of our most important literary figures and one who toils to preserve the beauty and the glory of the Scots language. A joyous cascade of words and images.'

(Kevin McKenna, *The Observer*)

'Stuart is a brilliant poet, who can make his readers and audiences laugh, gasp, even shed a tear, with the power and beauty of his words.
   He is a terrific advocate of the Scots language, and I have no doubt he has inspired, and will continue to inspire people of all ages, including children, to embark on their own Scots adventures.'

(Janice Forsyth, 'The Afternoon Show', BBC Radio Scotland)

'This bright, vigorous, humorous series of poems is therefore perfect for drawing in non-native and native speakers alike to the virr and smeddum of the language. Read these poems out loud to the weans and you'll take delight in the conspicuous characters you'll get to know and enjoy.'

(Billy Kay, writer and broadcaster)

'Ideal for Primary and Secondary'

'A Modern Scots Language Study Book'

'Perfect for teaching CfE (Broad and General Education) Levels 2-4 and a great resource for National 3 and National 4'

'Fully illustrated to make learning Scots fun'

(Comments by Scots Language Teachers)

'Stuart is the funniest poet I have ever met. He told us some interesting facts about Scots and its history. It was good for someone from a different part of Scotland to talk to us and tell us their background of the Scots language.'

'It was funny and cool to understand our everyday language in front of our eyes.'

'It was very interesting and I learnt a lot more about the Scots language than I knew before.'

'It was great learning words I never knew before. I'm going to use them every time I get the chance.'

(Comments by young people in Scots Language workshops led by Stuart Paterson)

A Squatter o Bairnrhymes

by

Stuart A Paterson

TIPPERMUIR
· BOOKS LIMITED ·

A Squatter o Bairnrhymes by Stuart A Paterson
Copyright © 2020. All rights reserved.

The right of Stuart A Paterson to be identified as the author of the Work has been asserted in accordance with the Copyright, Designs & Patents Act 1988.

This first edition published and copyright 2020 by
Tippermuir Books Ltd, Perth, Scotland.
mail@tippermuirbooks.co.uk
www.tippermuirbooks.co.uk

No part of this publication may be reproduced or used in any form or by any means without written permission from the Publisher except for review purposes.

All rights whatsoever in this book are reserved.

ISBN 978-1-9164778-7-2 (paperback)

A CIP catalogue record for this book is available from the British Library.

Project coordination by Dr Paul S Philippou.
Cover design by Matthew Mackie.
Illustrations: Zack Fummey.
Editorial Support: Jean Hands.
Text design, layout, and artwork by Bernard Chandler [graffik].
Text set in ITC Veljovic Book 11.5/16.5pt.

Printed and bound by Ashford Colour Press, Gosport.

Tae ma ain mither Mima

An tae aw the weemin whae inspired an inspire us still

ACKNOWLEDGEMENTS

'Bears' was originally written for BBC Children in Need 2018.

'Ettercap', 'Space' and 'Space-Stane' first appeared in *Aye* (Tapsalteerie, 2016).

'Shug' first appeared in *Orlang: Kirrie Connections Dementia Friendly Project* (Christine Kydd and Maureen Crosbie, eds).

'Ma Wee Mammy' features in 'A Postcard of You', a film made in 2020 by Stuart for Scotland's creative ageing organisation Luminate and Scottish Care, as part of Luminate@Home, an initiative to support shielded older people at home during the Covid-19 pandemic.

'Snaw-Breaker' was commissioned by BBC Scotland for their 'Ideas Beta' page and filmed and broadcast in April 2018. It is based on a Univeristy of Glasgow project (2015) to compile the online *Historical Thesaurus of Scots*, which found 421 snow-related words in the Scots language.

'Jenny Rennie' and 'Ode tae a Blister' are oral folk poems from Ayrshire passed on to me by Mima, written in, by and for our communities.

CONTENTS

FOREWORD............... 1

THE POEMS

CRATURS
Houlit 7
Ettercap 9
The Tobermory Dodo 13
Jaws......................... 15
Flittermoose............... 17
Shug........................ 19
Mice 21
Craw 23
Bears....................... 25
Tod......................... 29
Slater 31

FOWK
Ma Wee Mammy........... 37
Drouthie Routhie.......... 41
Bobby in the Lobby 43
Jenny Rennie 45

OOT THERE
Space..........................49
Space-Stane 51
Snaw-Breaker............... 53
Snow 57

WIRDS
Mixter-Maxter............... 61
Ode Tae a Blister............67
Pairts o the Body.......... 69
The Wey Ye Speak 73

MAIRRHYMES
Hurcheon.................... 77
Squisht......................79

GLOSSARY 83

About the Author
About the Illustrator
The Publisher

FOREWORD

The author and I are fellow Ayrshiremen, Scots speakers and writers, so it is a pleasure to introduce this fine collection to folk who have had the misfortune not to enjoy the same advantages in life as Stuart and I. It is also entirely appropriate that this book is published in the Fair City of Perth which is forever associated with the great Scots poet William Soutar. Back in 1931, Soutar wrote to the father of the Scottish Literary Renaissance Hugh MacDiarmid, stating his passionate belief that '...if the Doric is to come back alive, it will come first on a cock horse'.

By the Doric, Soutar meant the Scots language spoken by brither and sister Scots 'fae Maidenkirk tae Johnny Groats' and beyond. For Burns, Soutar, Stuart and I there's no need for Scots 'to come back alive' because it was a vibrant living thing for us, and we learned it at our mother's knees. Even though at least 1.5 million people still speak the language, I have to accept that fewer children have a dialect of Scots as their mither tongue today compared to my own childhood in the 1950s. This bright, vigorous, humorous series of poems is therefore perfect for drawing in non-native and native speakers alike to the virr and smeddum of the language. Read these poems out loud to the weans and you'll take delight in the conspicuous characters you'll get to know and enjoy, like the wise old owl, the Houlit:

It's blessed wi lairin
An wi mense,
The patron burd
O intelligence.

It kens aathing
Fae then tae noo,
Sae why's it ayewes speirin
'Hoo?'

I particularly love that one and the one about the 'Craw' because they remind me of one of my favourite passages in medieval Scots – this depiction of birds and the sounds they make in the *Complaynt of Scotland* from 1548.

> The ropeen of the ravynis gart the cran crope, the huddit crauis cryit varrok, varrok, quhen the suannis murnit, because the gray goul mau pronosticat ane storme. The turtil began for to greit, quhen the cuschet youlit. The titlene follouit the gouk, and gart her sing guk, guk. The dou croutit hyr sad sang that soundit lyk sorrow... the laverock maid melody up hie in the skyis.
>
> [*goul mau* seagull; *cuschet* wood pigeon; *titlene* meadow pipit; *gouk* cuckoo; *dou* dove; *laverok* lark]

In this kenspeckle collection, you'll also come across other creatures that you might not actually fancy being on intimate terms with, like the Flittermoose (bat) or Ettercap (spider) but then through poems like 'Pairts o the Body', ye'll ken the Scots names for aw the bits o ye ye'll want tae keep oot their road! And for men, and mammy's boays especially, ye'll learn tae recite aff bi hert Stuart's braw paean o praise tae mithers in aw the airts, 'Ma Wee Mammy'. Maist o aw, thir poems are for sharin wi wee weans an big weans wha'll fair enjoy the poet's pawkie humour an gleg wit in wee gems o poems like this ane, 'Snow':

> *Snow.*
> *Aye it is!*
>
> *Snow.*
> *Aye it is!*
>
> *Snow.*
> *Aye it is!*
>
> *Snow?*
> *It is so!*

Billy Kay
Scottish writer and broadcaster
January 2020

Craturs

HOULIT

It's blessed wi lairin
An wi mense,
The patron burd
O intelligence.

It kens aathing
Fae then tae noo
Sae why's it ayewes speirin
'Hoo?'

———————————

ETTERCAP

Ane nicht as aff tae sleep Ah drapped
Ah fancit that an ettercap
Wis in ablo ma braw warm sheet
An skitterin owre ma toastit feet.
Ah woke up feart but kinna gled
That nae sic thing wis in ma bed,
But as Ah shut ma een – guess whit?
Ah felt a ticklin oan ma fit.

Ye've never seen a man alive
Could loup sae skeich an duck an dive!
Ane meenit in, the next ane oot
An skreighin lik a big galoot.
Ah'm breengin intae everythin,
The waa, the winterdykes, the bin
An try as madly as Ah micht
Ah cannae fin the bedroom licht!

Ye ken, it's doonricht daft an wrang
When somethin jist twae inches lang
Can mak ye swait an haud yer braith
An frichten ye near hauf tae daith.
There's somethin though it disnae reckon,
Fir Ah hae got a secret weapon.
It's muckle, terrible an affy –
The ettercap-destroyin baffy!

Ten meenits later, mebbe mair,
Ah fin ma baffy bi the chair,
Switch oan the licht, dicht doon ma broo,
Maun pu masel thegither noo.
Ten meenits later, mebbe mair,
Ma baffy poised, Ah'm aamaist there,
Abuin the bed an whit it hauds
An prayin tae baffy-blessin gods!

An oor later, mebbe mair,
Ah'm ready noo, Ah'm aamaist there
An WHOOSH! Ah birl the bedclaes back
An nearly hae a hairt attack –
BANG! BANG! an BANG! again jist aince
Ah'm molocatin it tae mince
An skelp an belt an chuck abuse…
Until Ah see it's only oose!

Twae oors oan, aa warm an happed,
Ah lauch aboot the ettercap
That wisnae in ma bed at aa
An, doverin, birl towards the waa.
Aa cosy, waukrife, snug an bien
Ah stert tae hap ma wabbit een.
But jist afore ma sleep cams oan…
Whit's yon that's ticklin at ma haun?

———————————

THE TOBERMORY DODO

Whit's yon ye say?
Ye've never heard
O Tobermory's
Wingless burd?

Ane day it grew
Gey seek o copin,
Upped an skreighed fareweel
Tae Oban.

Flew tae Mull
A while tae bide,
Lost the baith its wings
An steyed.

Alas, it ate
Jist Cullen Skink
An twae year later
Wis extinct.

JAWS

Thir aince omnivorous
Michty jaws
Are aa that's left
O whit Ah was.

Ah'd suim an eat
Fae Mozambique
Up tae the Med
An chowed an fed

Oan nearly aathing
In the sea
Fae India
Tae Italy,

Fae Australia
Tae Bermuda,
Tuna, whales
An barracuda,

Turtles, octopodes
An squid
An, oan the odd day,
Hominid.

An Ah'd be there
An chowin yet
If Ah had laired
Tae chow through net.

FLITTERMOOSE

The lum gaes up,
The lum gaes doon,
The lum is in
Ma leevin room.

Inside the lum
That's in ma hoose
There bides a totie
Flittermoose.

In winter when
The fire is lit
An bleezin then
He has tae flit.

In Summer when
The lowe is gane
The flittermoose
Cams back again.

It's then he'll flee
Stracht doon the lum,
Skite owre an bite me
Oan the bum

As if tae say
'Ya chitterin swine,
Stop makkin fires -
Yon lum is mine!'

SHUG

Ma pal Shug
Is awfy wee,
He keechs oan windaes
An bides in a tree.

He howks fir his denner
Richt in the grun
An swallaes hail
Whitever he's fun.

He weers nae claes,
Nae socks nor boxers,
Luves a guid pook
Aa roon his oxters.

His hoose is made
O nocht but wid,
His singin's braw
An his fleein's guid.

Ah'm shair youse aa ken
Ma pal Shug,
A feathery heller,
A totie wee speug.

MICE

Mice are no
Whit they yuist tae be.
Syne they were muckle,
Noo they're wee.

CRAW

The craw
Oan the waa
Isnae really black
At aa.

It's jist
That licht
Disnae think him
Sae braw.

BEARS

There are bears in the warl whae are black
an are broon,
There are bears whae sclim trees an hing
upside doon.
There are bears whae are frichtsome an
bears whae are braw.
Some bears leeve in wids an a few leeve in
snaw.

There are bears in America, bears in Peru
Whae luve marmalade pieces an weer coats
o blue.
There are bears in yer telly an bears whae
are super
Lik Yogi an Fozzie an Sooty an Rupert.

A bear in a muckle blue hoose an Baloo
An Kung Fu Panda an Winnie the Pooh
An rare bears an Care Bears an bears whae
are Gummi
An bears whae are crabbit an bears whae
are funny.

There are bears there are bears there are bears
   there are bears
Fae the ane on yer bed tae the ane in yer
   chair,
The bears whae ye coogle an kiss wi delicht,
The bears whae gaird owre ye intae the nicht,
The bears ye'll tak wi ye whaurever ye flit,
The bears whae will stey wi ye, nae maitter
   whit.

But let's hear a skreigh for yon rarest o breeds
Whae's gien owre his hail life tae Bairnies
   In Need.
Whae thinks no tae girn when the gaein gets
   tough
When wheelin up bens or when coupin in
   sheughs
An clarty an kelpit wi feet wet an smelly
Whae smiles an whae bears it ilk year oan
   the telly.
The bear whae stauns up fir the weans cos he
   must dae,
The fellae in yellae, the bear whae is Pudsey.

———————

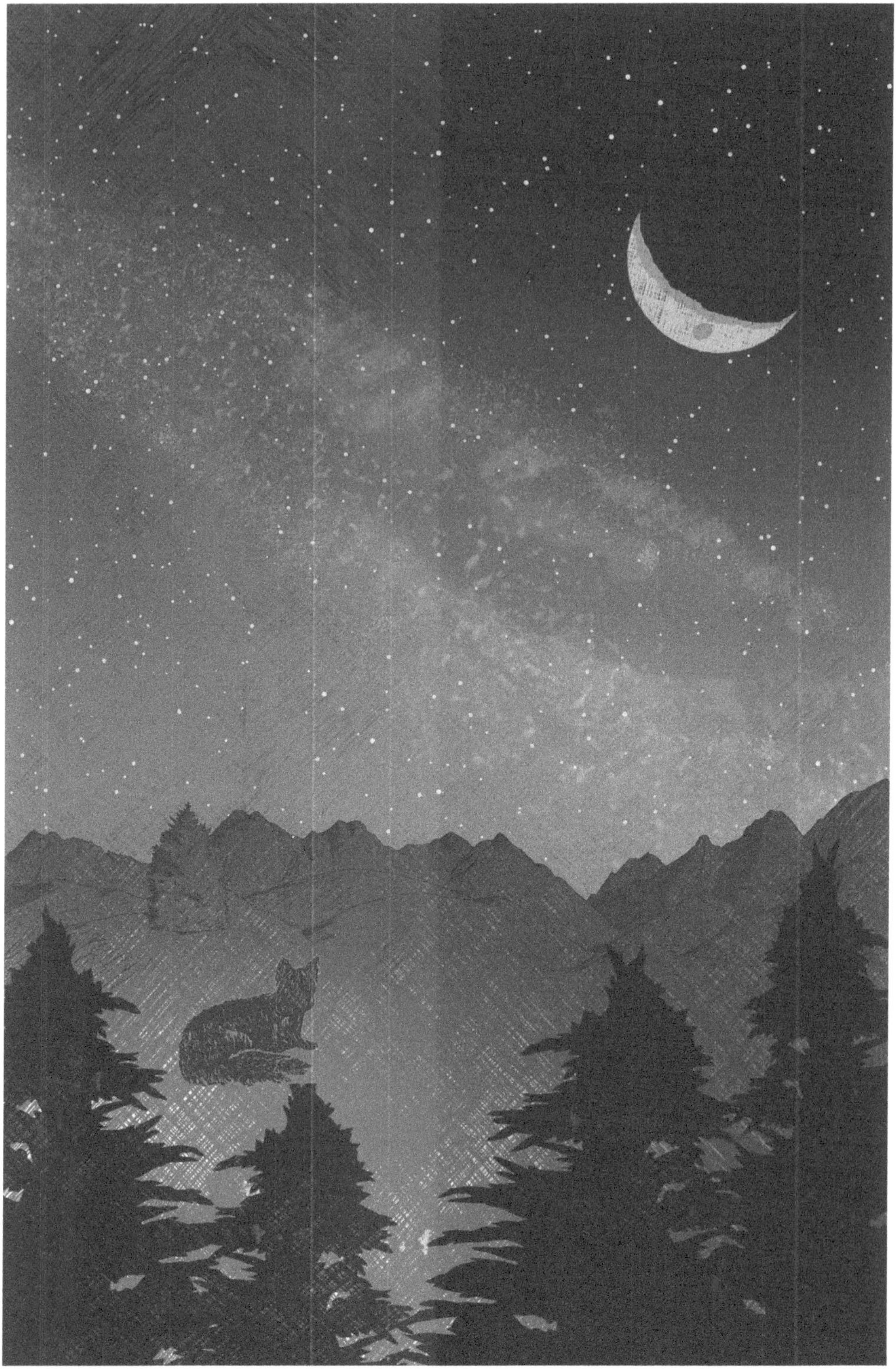

TOD

Hoo odd
That the tod
Is ayewes oan
His tod.

If no,
It's fair
Tae say he wid be cried
A mair.

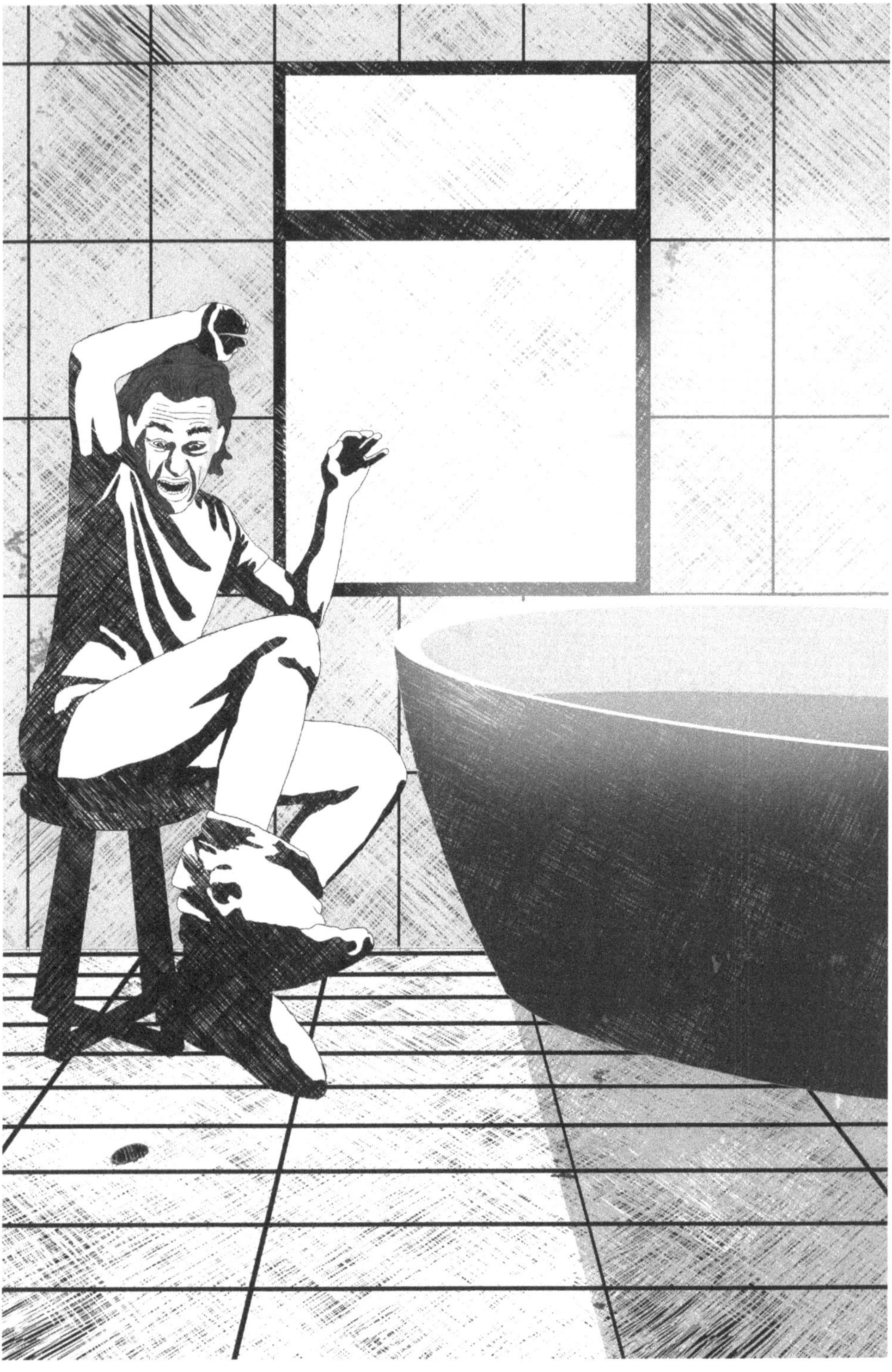

SLATER

Oan the flair o ma cludgie
Ah fin a slater,
It isnae there
Ten meenits later.

Ah'm feart o speeders
An alligators,
But mair than thaim
Ah'm feart o slaters.

Ah'll skelp an Ah'll leather,
Ah'll stamp but nae maitter
It seems that there's nae wey
Tae kill a slater.

Ah'll whack an Ah'll whummle
An belt an Ah'll batter,
Ah'll smoor it in shampoo
An hoy it in watter.

An jist when Ah'm shair
That the slater is deid,
It shoogles its shanks
An sterts wigglin its heid.

It's made oot o airmour,
It's auld as the hills,
It's ancient an scary
An cannae be killed.

Ah'm still luikin fir it
A hail twae oors later -
Ah'm no haein ma bath
Til Ah *ken* there's NAE SLATER!

Fowk

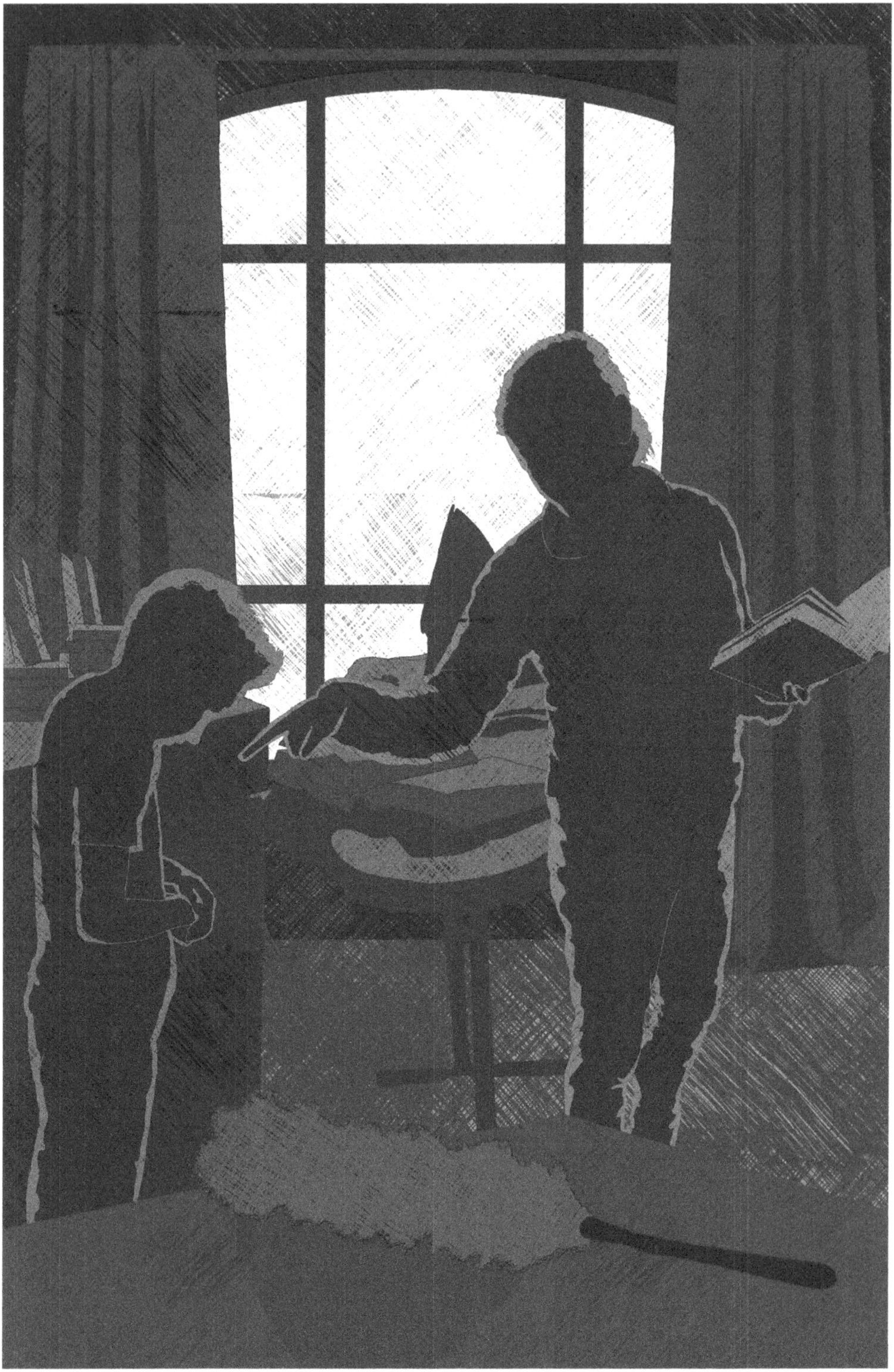

MA WEE MAMMY

Ma wee mammy
Is the bravest wee mammy.
She disnae greet nor wheenge
When her leg gets gammy,
She jist gets tae wark
Wi a duster or a shammy.
Ma wee mammy
Is the bravest wee mammy.

Ma wee mither
Is the hardiest wee mither.
In a stooshie or a barnie
She'll no stop nor swither,
She'll tell ye whit's whit
An she'll clap yer heids thegither.
Ma wee mither
Is the hardiest wee mither.

Ma wee maw
Is the smertest wee maw.
She kens jist aboot aathing
But there's nae wey she's a blaw,
Her heid's aye in a beuk
An whit she disnae ken's hee-haw.
Ma wee maw
Is the smertest wee maw.

Ma wee mammy
Is the smashinest wee mammy.
Ah'm tellin ye Ah'm lucky,
Pure fortuitous an jammy
That ma maw, ma mither, mammy
Is the very cat's pajammies
An gin ye say ocht different
Then we're gonnae hae a rammy!
Ma wee mammy
Is the best wee mammy in the warl –
An so is yours!

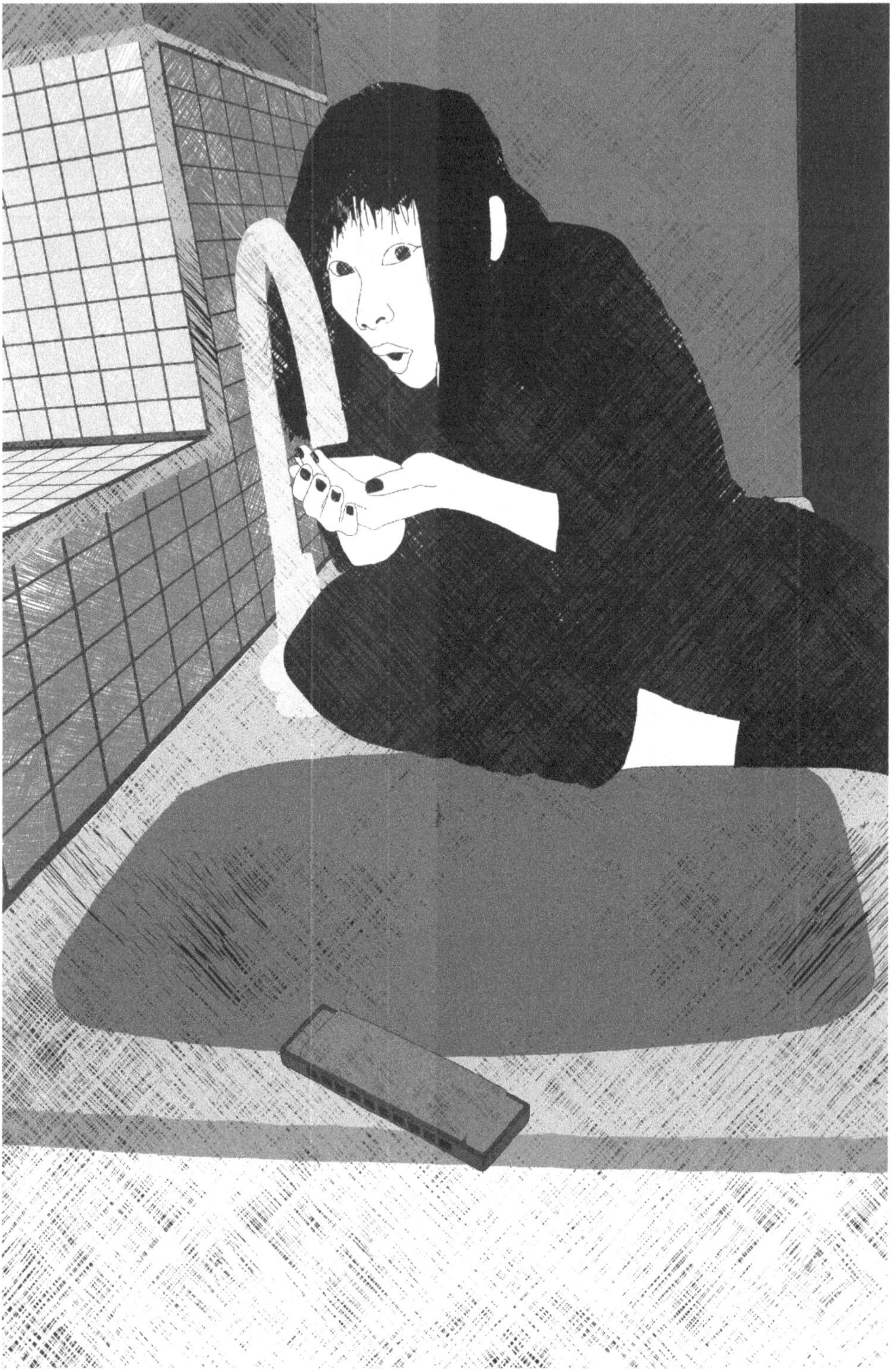

DROUTHIE ROUTHIE

A lass whaese name wis Ruthie
Wis aye playin oan the moothie
But she stertit feelin drouthie
Sae she went tae fin a drink.

Her mooth wis dree an gowpin,
Her puir wee heid wis loupin,
She felt gey close tae coupin,
She wis gantin fir a drink.

She scartit through the presses
In atween the cups an glesses.
Ocht, the fashes an distresses!
She could *no* wait fir a drink.

Her thrapple cried fir watter
Or some Irn Bru or Fanta
But she finally had her answer
When she stopped tae hae a think.

She taen aff her cap,
Pit her heid ablo the tap
An as watter plashed an drapped
Ruthie finally had her drink.

Noo when she's oan the moothie
Ye can aye be shair that Ruthie
Isnae lang at feelin drouthie
Cos she plays it in the sink.

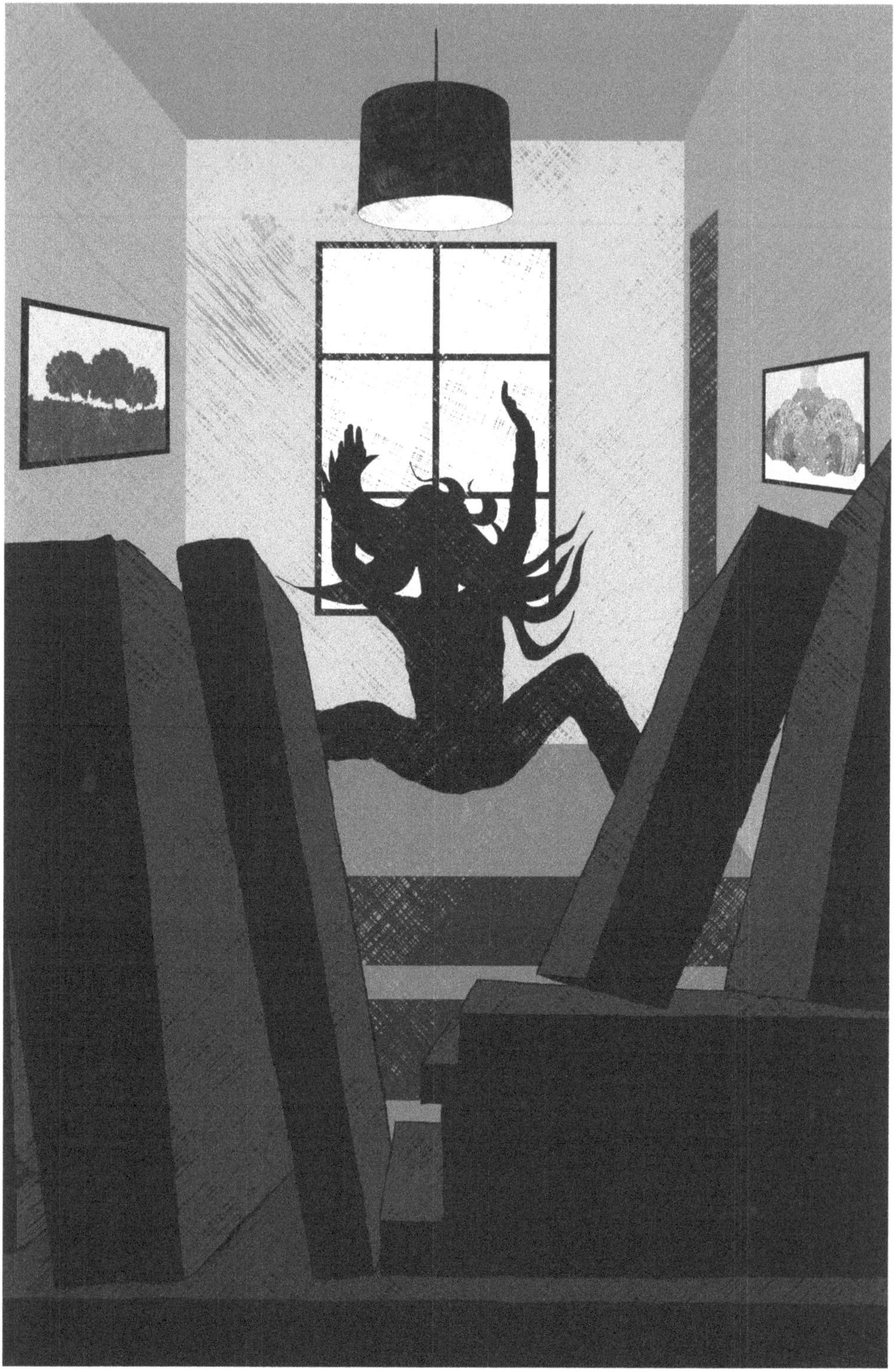

BOBBY IN THE LOBBY

Ah had a pal cried Bobby,
He got awfy lood an gobby
When his fowks bocht him a mobi
That cost owre a hunner quid.

He haurdly spoke did Bobby
Aince his fowks bocht him thon mobi.
It wis mair than jist a hobby,
Luikin at it's aa he did.

He wis never aff o Snap Chat,
Tik Tok, Tumblr, YouTube, Whit's App,
Instagram, Facebook an aa that
Bobby thocht wis awfy guid.

But ane day puir wee Bobby
Went his full length in the lobby
An couped richt ontae his mobi
Which brak intae 50 bits.

His time-consumin hobby
Is noo sweepin oot the lobby
Peyin his fowks back fir the mobi
That cost owre a hunner quid.

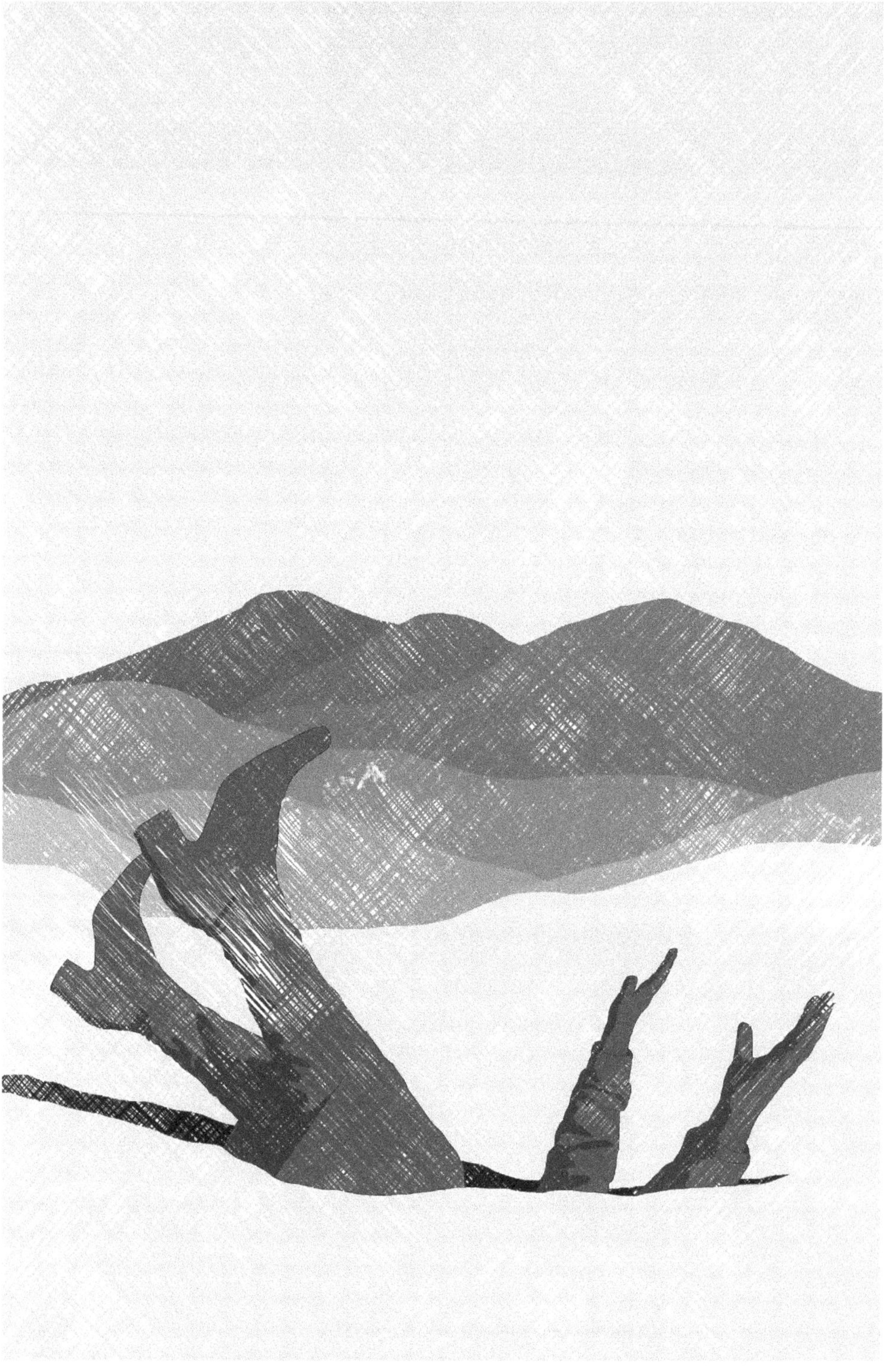

JENNY RENNIE

Jenny Rennie
Lost a penny
In amangst the snaw

An when she went
Tae luik fir it
She lost hersel an aa!

———————

Oot There

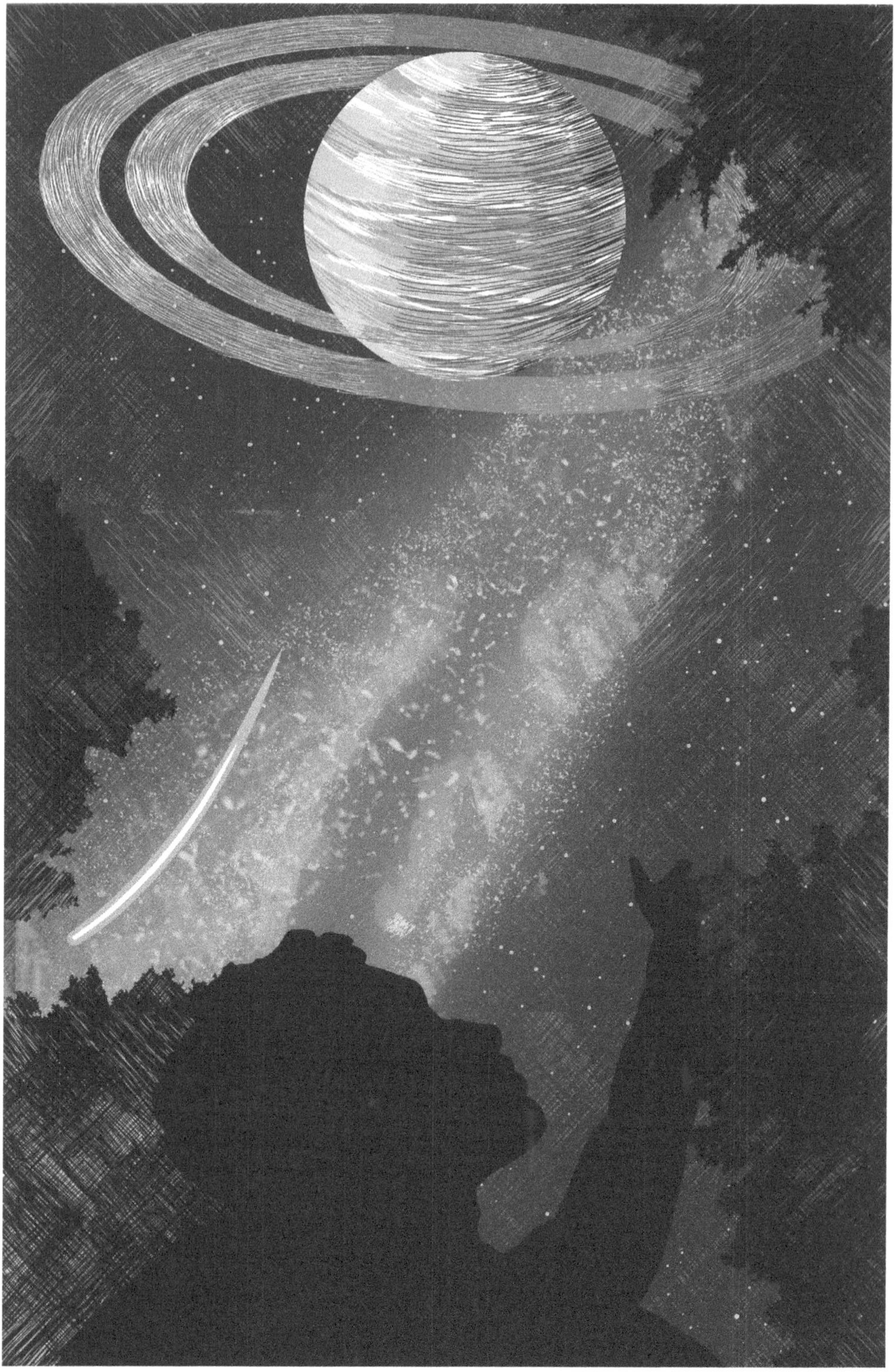

SPACE

The universe
Is lang an wide,
It has nae bottom
Tap nor side.

When did it stert?
When will it feenish?
Thinkin o it
Maks me squeamish.

———————————

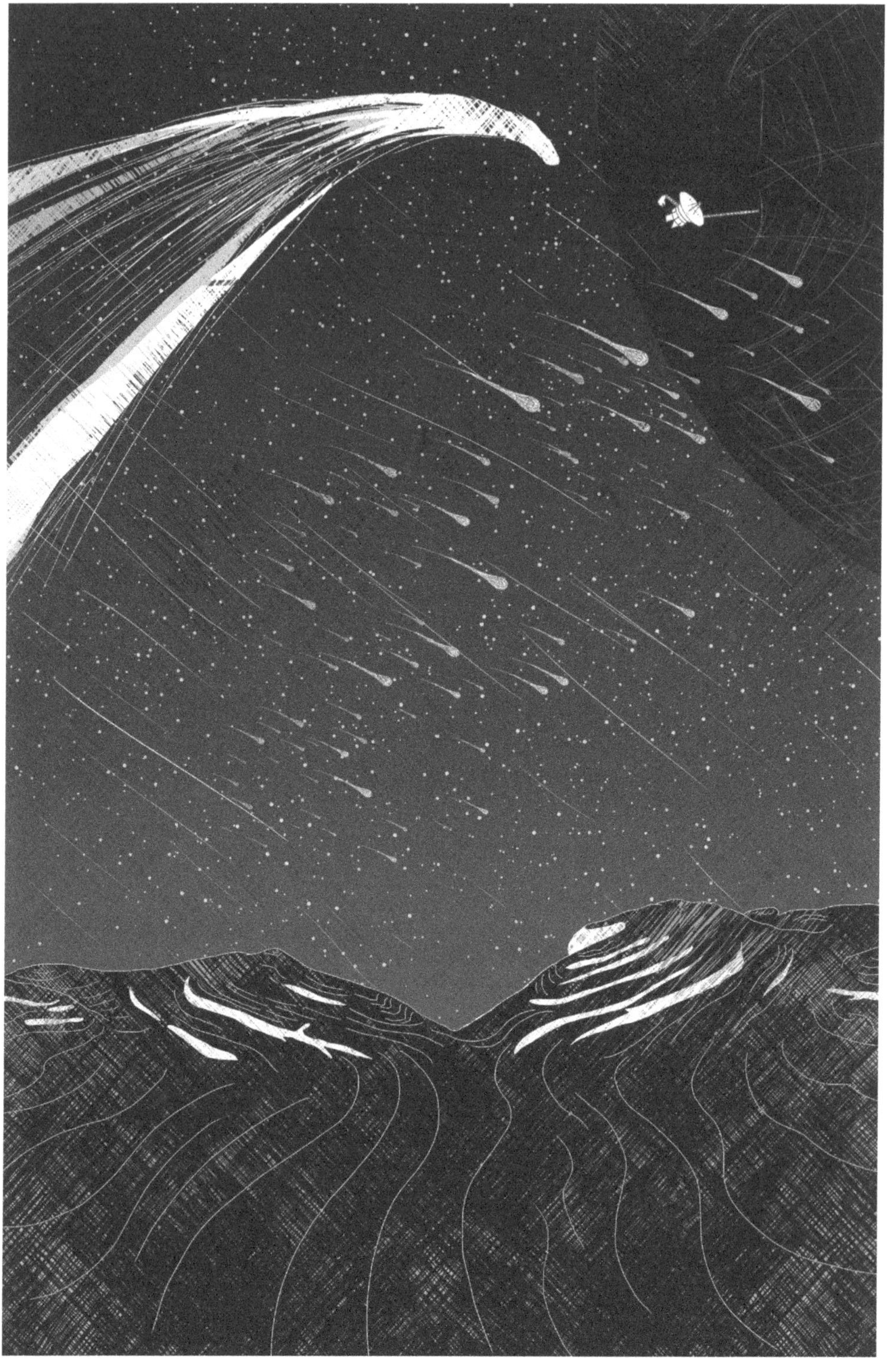

SPACE-STANE

A 'meteorite', yon's whit Ah am,
A cosmic kinna wham-bam-slam
Whae flitters at the speed o licht
Past starns an munes athort the nicht.

A muckle space-stane in the lift,
Ah'll trevvel licht years in a jiff.
An gin Ah'm kelped Ah'll staun for oors
Ablo a braw warm meteor shooer.

A muckle space-stane pocked wi plooks,
Ah've not got whit ye'd cry 'guid luiks' -
In fact, Ah'm jist a boxin boulder
Whae scraps wi sun an supernova.

Ah'll stick the broo oan ony planet
If Ah shid think they're tryin tae cam it,
Wrassle Halle-Bop or Halley's
Or ony o thir fiery fellaes.

But eftir aa the breenge an strain,
Ye'll no believe me when Ah'm sayin –
Fir aa Ah'm sic a hardie stane
Ah much prefer it oan ma ain

Tae keek at rockets, ships an probes
Whae seek fir ithers, or fir Goad,
Tae slidder slae through space an time
Past things tae cam, or gane lang syne.

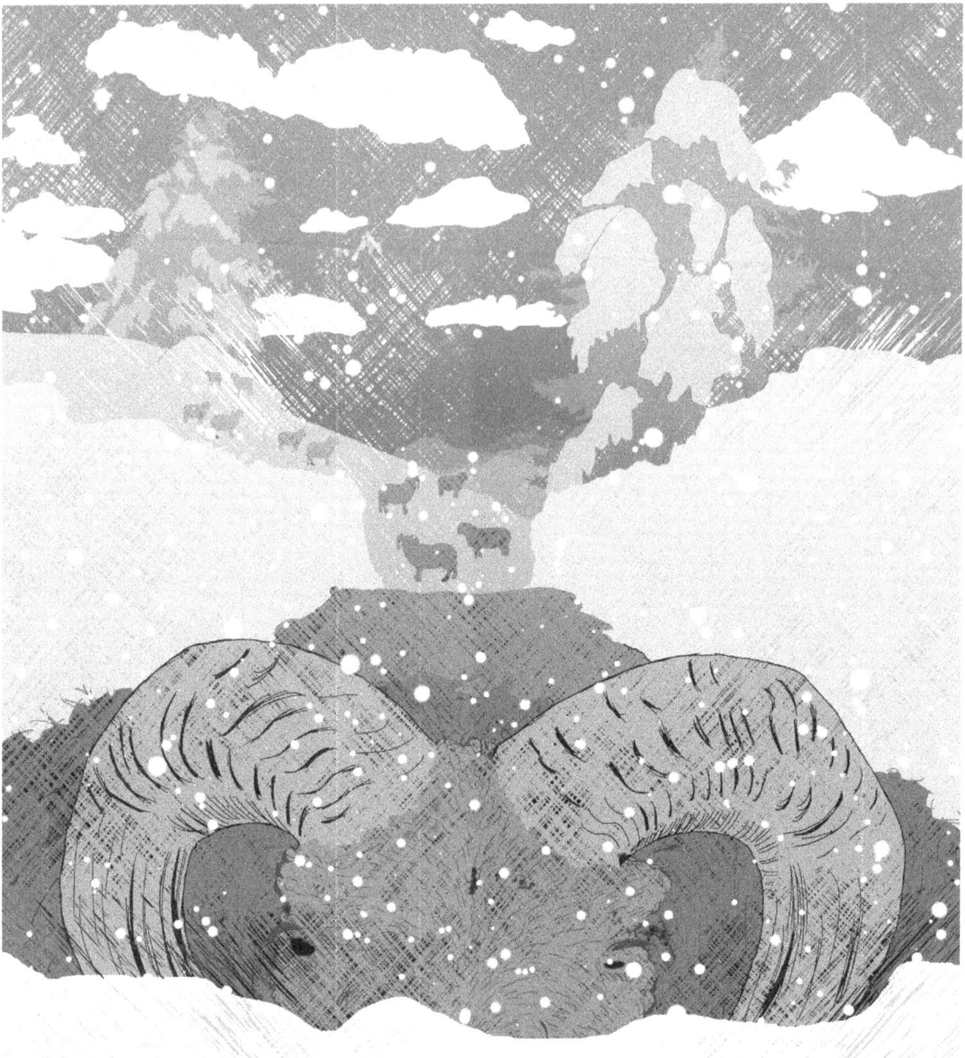

SNAW-BREAKER

Ah'm the great snaw-breaker
Whae gars the hail herd shift,
Makkin wey agin ilk fyoonach,
Crumpin through ilk yowdendrift.

Ma jaiket's stitched wi flaggies,
The snell wind is ma braith,
Ma een burn through the flindrikin,
The broo an the hooves ma graith.

In a blin-drift aiblins ye'll see me
Snoot doon an magglin awa,
Jeelit an foonert, solid an thrawn
As Ah fecht athort cranreuch an snaw.

The meenit it sneesls Ah'm thinkin
O feefles an feuchters insteid,
O scowtherin, pouther an driffle –
Ah've a dictionary o snaw in ma heid!

Ah'm the ane whae breenges oanwards
Through the oorlich an chitterin nicht,
No stoppin fir spitter or skelf or smirr
Til Ah see ma hail herd richt.

Ah'm the great snaw-breaker
Whae maks the path for aa,
The lamb, the yowe, the muckle tup -
Ah'm the woolly pleuch o the snaws.

Ah'm the michty Ram o Winter
Whae's neither blate nor nesh,
The Sherpa o the sheep warl,
The snaw-ghaist made o flesh.

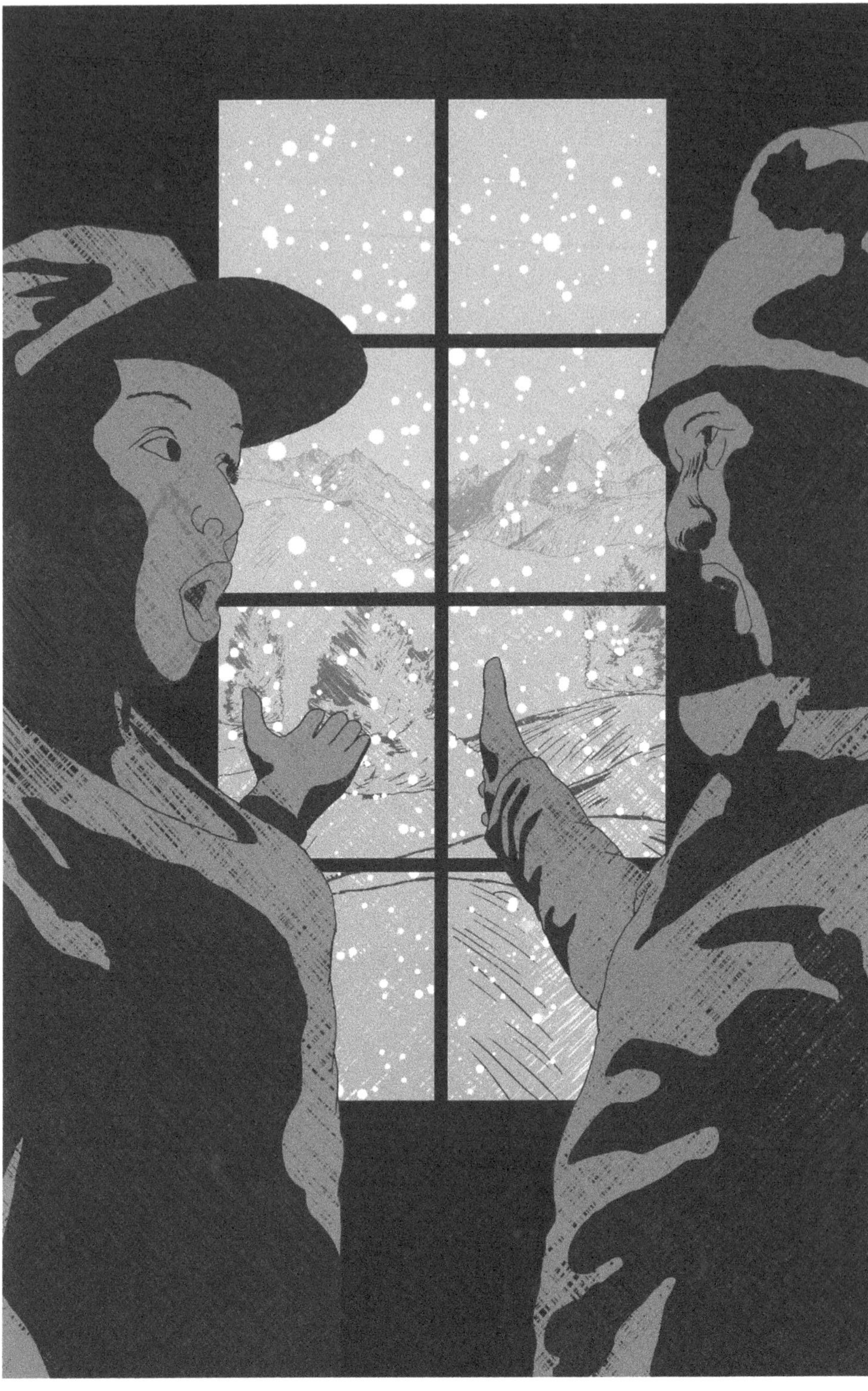

SNOW

Snow.
Aye it is!

Snow.
Aye it is!

Snow.
Aye it is!

Snow?
It is so!

———————————

Wirds

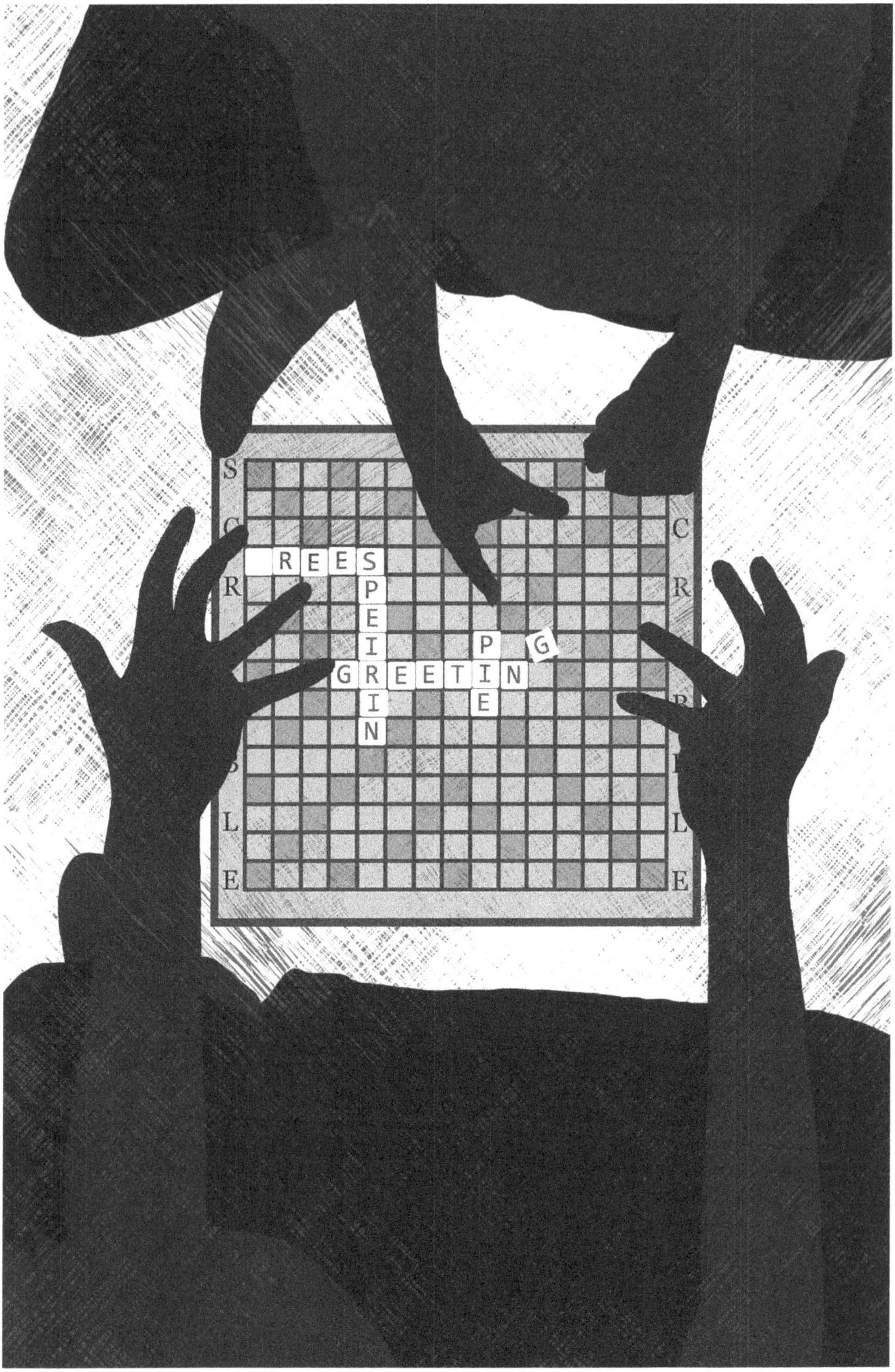
REES
SPEIRIN
GREETIN
PIE
G

MIXTER-MAXTER

In Scotland oor wirds
Are gey different, aye.
When ye speir someone how?
Then yer speirin them *why*?

Piece isnae a *fragment*
It's somethin ye eat
Wi twae dods o breid
An cheese or cauld meat.

An when ye feel doon
Then ye micht stert yer greetin -
Elsewhaur it's somethin
Pals dae when they're meetin.

When ye bide here in Scotland
In north, sooth or centre
Then mind's no yer *mind*
It's the wird tae remember.

A tap isnae somethin
Ye turn on fir watter
It's somethin ye weer
In cauld chitterin wather.

A burn willnae *burn* ye
Burns are aa roon ye
Though dinnae loup in
In case the burn droons ye!

A press willnae *press* ye
A press ye'll discover
Is whit thaim in England
Will aye cry a cupboard.

Messages arenae
The *texts* that ye've got,
They're whit ma an da
Will bring hame fae the shop.

A poke's no a *prod*
An whit's in it's delish,
Yer braw sausage supper
Or chips wi yer fish.

Ginger elsewhaur is aye
Kennt as a spice.
In Scotland it's juice
An tastes fower times as nice.

Mince isnae aye
Whit ye hae wi yer tatties -
If ye talk it they'll cry ye
A richt glaikit daftie!

Ken is a name
Jist like Jimmy nor Joe.
Up here it's the wird
That some Scots yaise fir *know*.

A hen is a chookie,
Lays eggs an scrans grass.
In Scotland it's whit
Ye cry wummin or lass.

An dinnae tell fowk
That ye fair like tae hum -
It means ye've no waasht
Or no dichtit yer bum!

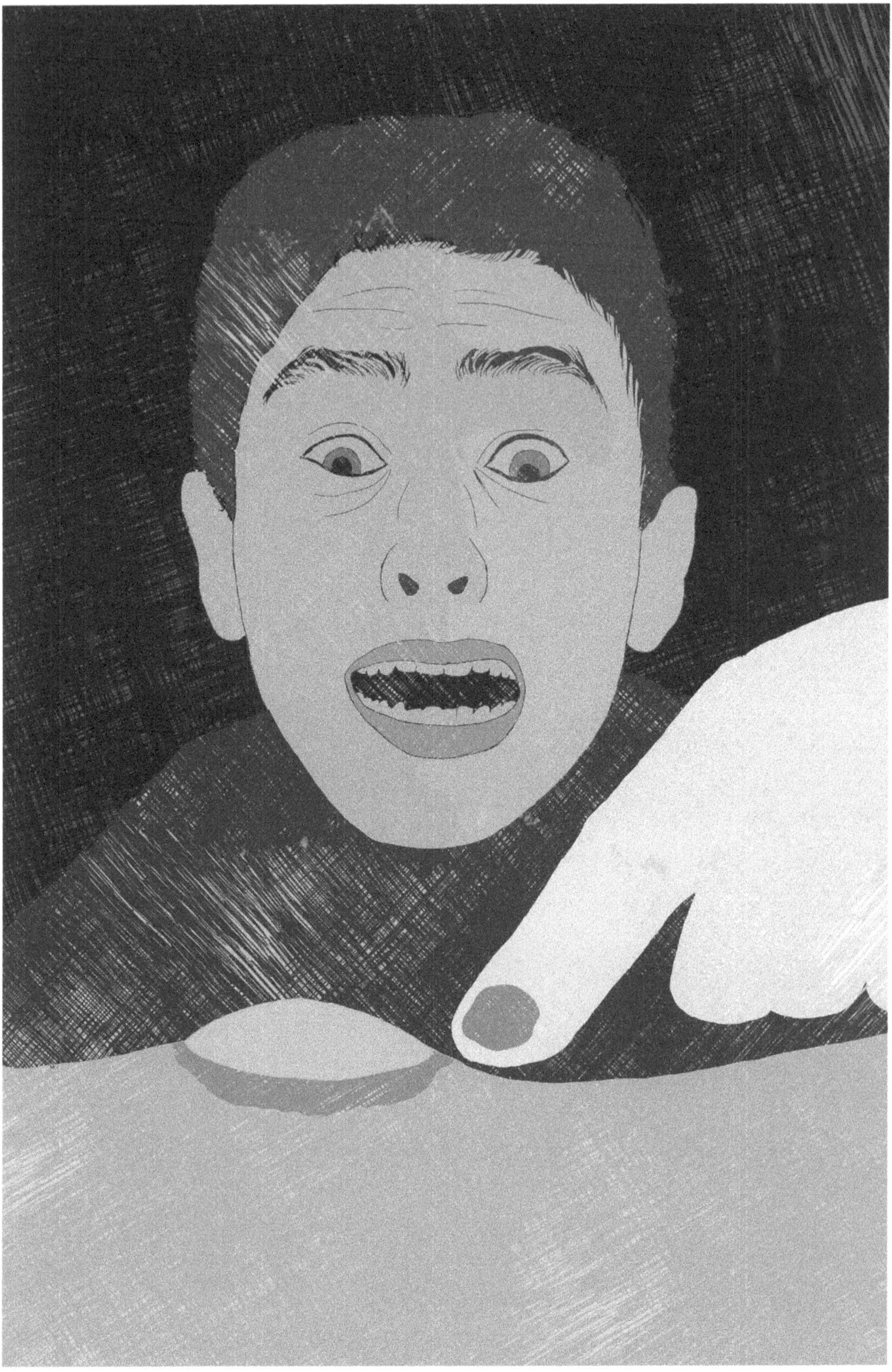

ODE TAE A BLISTER

It maitters an beels
An it scabs aw yer heel
An it leas a wee merk
When it's better!

———————————

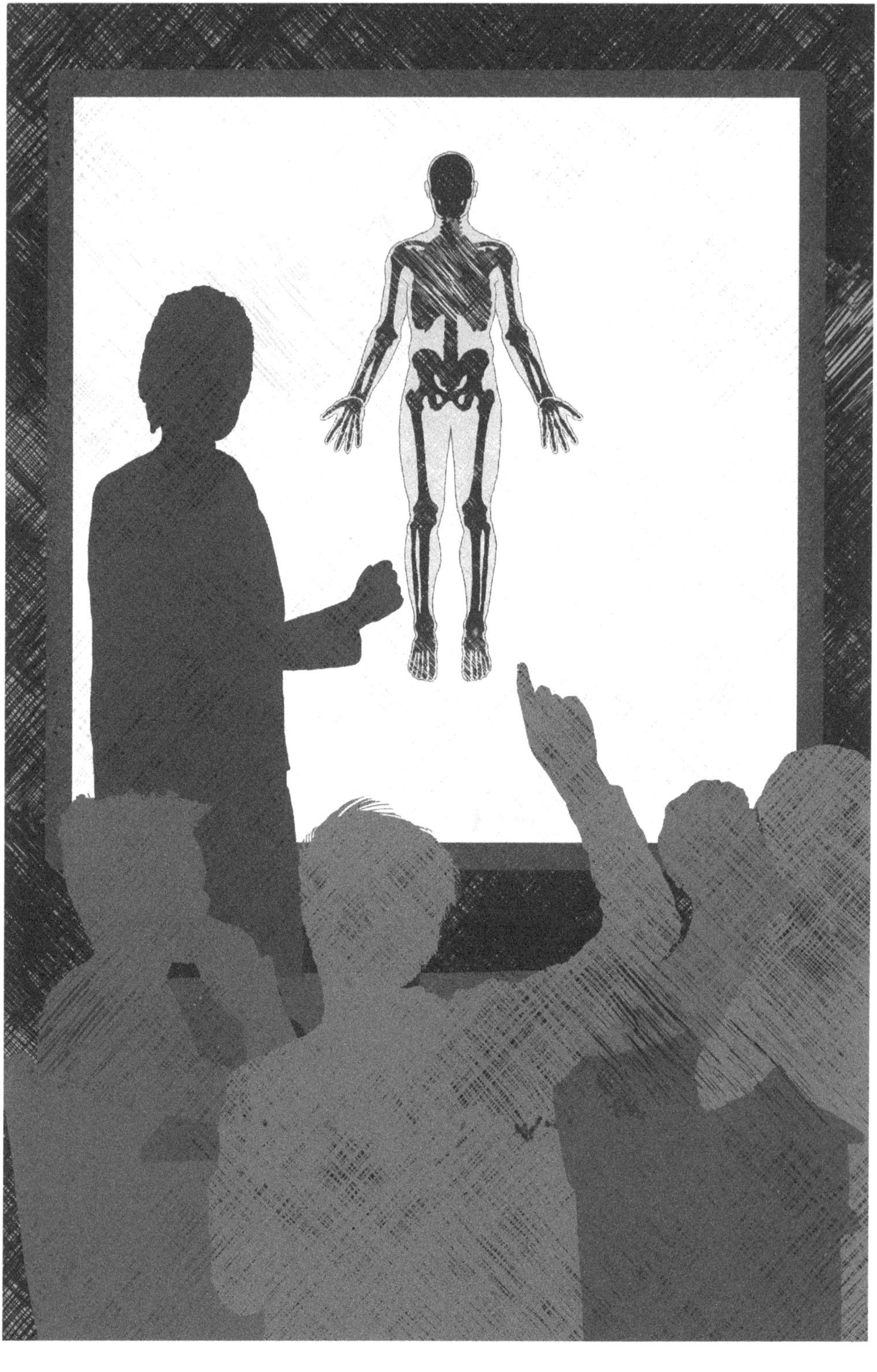

PAIRTS O THE BODY

This is yer neb
This is yer mou
These are yer lugs
At the side o yer pow.

This is yer broo
An these are yer een.
Some fowks' are blue
An ithers' are green.

These are yer chakks
As rede as an aipple
An in ablo them
Are yer chin an yer thrapple.

This is yer haun
At the end o yer airm.
Ye can mak it a nieve
If ye want tae cause hairm.

An these are yer lunzies,
Abuin them yer wame.
Some fowks' are muckle
An ithers hae nane.

These are yer shanks,
In the middle, yer naps.
Yer fit's at the bottom,
Yer hurdies, the tap.

An in ablo aa
Are yer bluid an yer veins.
An in ablo thaim?
Jist a rickle o banes!

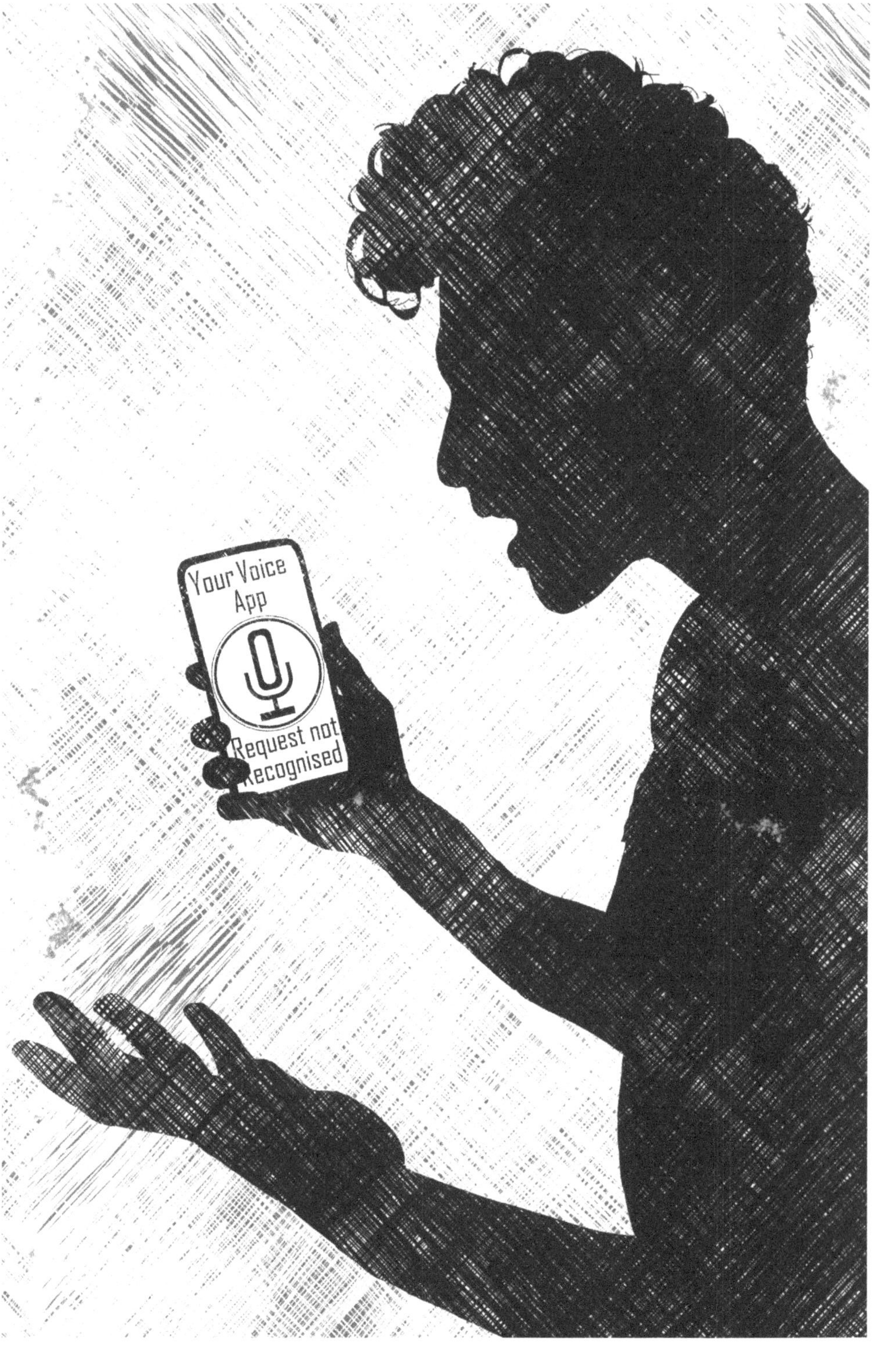
Your Voice
App
Request not
Recognised

THE WEY YE SPEAK

The wey ye speak,
The wirds ye yaise
Are closer tae ye
Than yer claes.

The wey ye speak,
The wirds ye yaise
Are pairt o ye
Fae lugs tae taes.

The wey ye speak,
The wirds ye yaise
Nae maitter whit
Yer voice app says

Is proper Scots
An braw an fine,
It's no 'bad English',
No a grind.

The wey ye speak,
The wirds ye yaise
That come fae oot yer gub
Maist days

They arenae slang,
No dialect,
They're oors, they're yours,
They're Scots – respect!

Mairrhymes

HURCHEON

The hurcheon, oot his winter box,
Maun jouk awa fae stervin brocks
Whae dinnae mind the stangin spikes -
Cos scrannin hurcheon's whit they like!

SQUISHT

Ye'd huv tae hae the sowl
O the Deil or a curmudgeon
No tae staun an mourn at roadside
Fir the puir wee flattened hurcheon.

Ane meenit it wis blythely
Joukin brocks an scrannin taeds,
The next it wis a bristly mess
As lang as it wis braid.

Thon puir wee hurcheon lyin there
Wi tyre marks oan its heid,
Ane meenit oot fir denner
Then a meenit later – deid.

In yon case spare a thochtie
Fir the slater, wyrm and flae
That taeds an puddocks swallae
Bi the thoosans every day.

Glossary

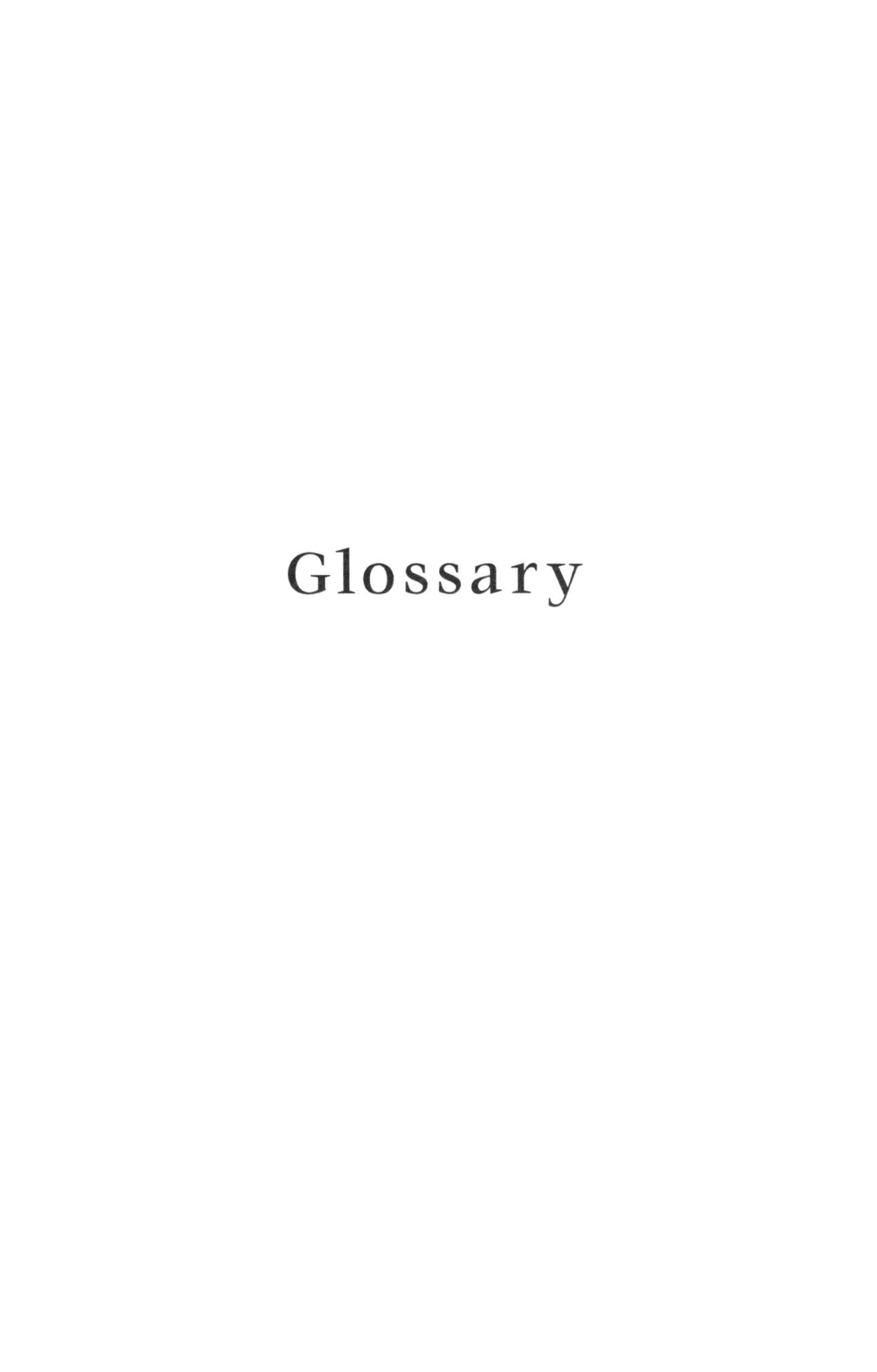

SELECTED GLOSSARY
In Order of Appearance in Each Poem

CRATURS

Houlit
houlit – owl
lairin – learning
mense – intelligence
kens – knows
aathing – everything
speirin – asking
hoo? – why?

Ettercap
ettercap – spider
ane – one
ablo – below
skitterin – scampering
feart – scared
kinna – kind of
nae – no
sic – such
een – eyes
fit – foot
loup – jump
skeich – excitedly
skrieghin – shouting
galoot – fool
breengin – bumping into

winterdykes – clothes horse
ken – know
twae – two
haud – hold
muckle – big
affy – awful
baffy – slipper
broo – forehead
abuin – above
aince – once
oor – hour
birl – turn
molocatin – pulverising
skelp – hit
oose – fluff
happed – covered
lauch – laugh
doverin – doving
waukrife – half awake
bien – feeling well
hap – cover
wabbit – tired

The Tobermory Dodo
ane – one
copin – coping
skreighed – screamed
gey – very
bide – live
Cullen skink – Smoked haddock, potato and onion soup

Jaws
thir – these
aince – once
omnivorous – eats everything
aathing – everything
hominid – human being
laired – learned

Flittermoose
flittermoose – bat
lum – chimney
totie – tiny
bleezin – blazing
flit – move house
lowe – flame
gane – gone
stracht – straight
skyte – dart about
chitterin – shaking from the cold

Shug
Shug – Hugh
awfy – very
keech – poo
windae – window
howk – dig
grun – ground
hail – whole
fun – found
weer – wear
claes – clothes
pook – poke
oxters – armpits
nocht – nothing
wid – wood
braw – fine
ken – know
heller – rascal
speug – sparrow

Mice
yuist – used
syne – then
muckle – big

Craw
craw – crow

Bears
warl – world
whae – who
sclim – climb
frichtsome – scary
braw – fine
piece – sandwich
crabbit – bad tempered
coogle – cuddle
skreigh – scream
gien – given
bairnies – children
girn – complain
gaein – going
ben – mountain
coup – fall
sheugh – ditch
clarty an kelpit – filthy
ilk – each
weans – children

Tod
tod – fox
oan his tod – alone
ayewes – always
mair – more

Slater
slater – woodlouse
cludgie – bathroom

speeder – spider
skelp – whack
leather – hit very hard
whummle – batter
smoor – smother
shair – sure
deid – dead
shoogles – shakes
shanks – legs
oors – hours
ken – know

FOWK

Ma Wee Mammy
greet – cry
wheenge – complain
gammy – injured
shammy – leather cleaning cloth
stushie – a row
barnie – a fight
clap – strike heavily
thegither – together
kens – knows
blaw – a show-off
beuk – book
hee-haw – nothing
gin – if
rammy – fight

Drouthie Routhie

drouthie – thirsty
whaese – whose
moothie – harmonica
dree – dry
gowpin – throbbing
loupin – violently pulsing
coupin – tumbling
gantin – wanting badly
scartit – dug through
press – cupboard
fashes – worries
thrapple – throat
ablo – below
plashed – splashed
aye – always

Bobby in the Lobby

awfy – very
lobby – hallway
cried – called
bocht – bought
thon – that went his full
length – fell face down
couped – fell
brak – broke

OOT THERE

Space-Stane

flitters – flies quickly
starns – stars
munes – moons
muckle – big
oors – hours
athort – across
plooks – spots
stick the broo on – headbutt
breenge – rush
keek – glance
slidder – slide
slae – slow
gane – gone
lang syne – long ago

Snaw-Breaker

Snaw-breaker – the sheep who clears a path through snow drifts for the herd to follow
gars – makes or forces
agin – against
fyoonach – light dusting of snow
crump – to crackle
yowdendrift – big mound of snow
flaggies – big snowflakes

snell – bitterly cold
flindrikin – light snow
showergraith – tools
blin-drift – drifting snow
aiblins – perhaps
snoot – snout
magglin – trudging through snow
jeelit – frozen
foonert – very cold
thrawn – stubborn
fecht – fight
athort – across
cranreuch – hoar-frost
sneesl – begin to snow
feefle – swirl
feuchter – slight fall of snow
scowtherin – snowing slightly
pouther – fine driving snow
driffle – light snow shower
oorlich – damp and chilly
breenges – pushes
chitterin – shivering with cold
spitter – small snowflake
skelf – big snowflake
smirr – light snowfall
yowe – female sheep
tup – male sheep

pleuch – plough
blate – shy
nesh – fragile
Sherpas – people native to Nepal and the Himalayas
snaw-ghaist – a spirit seen in swirling snowstorms

WIRDS

Mixter-Maxter
Mixter-maxter – a variety
speir – ask
speirin – asking
dods – chunks
chitterin – shivering with cold
burn –stream
poke – prod with finger
kennt – known
tatties – potatoes
glaikit – stupid
yaise – use
chookie – chicken
scrans – eats
wummin – woman
dichtit – wiped clean

Ode Tae a Blister
maitters – frustrates
beels – burns
leas – leaves
merk – mark

Pairts o the Body
neb – nose
mou – mouth
lugs – ears
pow – head
broo – forehead
een – eyes
chakks – cheeks
ablo – below
thrapple – throat
haun – hand
nieve – fist
lunzies – hip bones
abuin – above
wame – stomach
muckle – big
shanks – legs
naps – knees
hurdies – buttocks
rickle – fragile collection
banes – bones

The Wey Ye Speak
wey – way
claes – clothes
lugs – ears
taes – toes
braw – great
gub – mouth

MAIRRHYMES

Hurcheon
hurcheon – hedgehog
maun – must
jouk – dodge
stervin – starving
brocks – badgers
stangin – piercing
scrannin – eating

Squisht
the Deil – the Devil
curmudgeon – misery-guts
hurcheon – hedgehog
blythely – happily
joukin – dodging
brocks – badgers
scrannin – eating
taeds – toads
lang – long
braid – broad

meenit – minute
denner – dinner
thochtie – small thought
slater – wood louse
wyrm – worm
flae – fly
puddocks – frogs
swallae – swallow

ABOUT THE AUTHOR

Stuart A Paterson is one of Scotland's best-known poets over the past 30 years. He is a native Scots speaker, writer and activist originally from Ayrshire who now lives in Galloway. From 2017-18, he was the official BBC Scotland Poet in Residence and from 2015-16 was Poet in Residence with the Scots Language Centre. In 2019, the UNESCO Year of Indigenous Minority Languages, Stuart was Visiting Lecturer in Language at Rhodes University, South Africa, and led Scots Masterclasses at Northern Ireland's Ulster Scots Language Week in Belfast. He works for the Scottish Qualifications Authority as an External Verifier to schools delivering the Scots Language Award throughout Scotland. In 2020, *Chapman* are publishing his *Wheen: New and Collected Poems in Scots* with the support of a Scottish Government 'Scots Publication Grant'. Author of several collections and widely published, anthologised and filmed worldwide, he received an Eric Gregory Award from the UK Society of Authors in 1992 and a Robert Louis Stevenson Fellowship from the Scottish Book Trust in 2014.

PREVIOUS COLLECTIONS AND PRODUCTIONS

Poems in Scots (CD) (Scotsoun Recordings, Scots Language Association, 2019)

To See the Sea with artist Simon Parkin (Adrian Lambert Press, 2018)

Heelster-gowdie/beul-fo-bhonn with Marcas Mac an Tuarneir (Tapsalteerie, 2018)

Field Work (Scottish Storytelling Centre, 2018)

Wassail Play with Simon Farquhar (Theatre Royal Dumfries, 2017)

Looking South (Indigo Dreams Publishing, 2017)

Burns Night Blessing (Poems for All (USA), 2017)

Snow Light with artist Simon Parkin (Adrian Lambert Press, 2016)

Aye poems in Scots (Tapsalteerie, 2016)

Border Lines (Indigo Dreams Publishing, 2015)

Saving Graces (Diehard, 1997)

Mulaney of Larne and other poems (University of Leiden, 'Scottish Poets' pamphlet series, 1991)

Poems in 'The Best Scottish Poems of 2015' and 'The Best Scottish Poems of 2016' (Scottish Poetry Library)

ABOUT THE ILLUSTRATOR

Zack has never quite grown out of that childhood obsession to read a book for all the pretty pictures, and it shows. His first design job was as a 15-year-old creating Edinburgh fringe show posters. Living in Perthshire, Scotland now he has expanded his repertoire: earning an honours degree and doing generally everything from video editing to poster design, event photography, and of course illustration. Thus he still avoids ever having to read something without the pretty picture to look at first.

Zack can be contacted at zackfummeybusiness@outlook.com.

THE PUBLISHER

Tippermuir Books Ltd (*est.* 2009) is an independent publishing company based in Perth, Scotland.

OTHER TITLES FROM TIPPERMUIR BOOKS

Spanish Thermopylae (2009)

Battleground Perthshire (2009)

Perth: Street by Street (2012)

Born in Perthshire (2012)

In Spain with Orwell (2013)

Trust (2014)

Perth: As Others Saw Us (2014)

Love All (2015)

A Chocolate Soldier (2016)

The Early Photographers of Perthshire (2016)

Taking Detective Stories Seriously: The Collected Crime Reviews of Dorothy Sayers (2017)

Walking with Ghosts (2017)

No Fair City: Dark Tales from Perth's Past (2017)

The Tale o the Wee Mowdie that wantit tae ken wha keeched on his heid (2017)

Hunters: Wee Stories from the Crescent. A Reminiscence of Perth's Hunter Crescent (2017)

Flipstones (2018)

Perth: Scott's Fair City: The Fair Maid of Perth & Sir Walter Scott – A Celebration & Guided Tour (2018)

God, Hitler and Lord Peter Wimsey: Selected Essays, Speeches and Articles by Dorothy L Sayers (2019)

Perth & Kinross: A Pocket Miscellany: A Companion for Visitors and Residents (2019)

The Piper of Tobruk – Pipe Major Robert Roy, MBE, DCM (2019)

The 'Gig Docter o Athole': Dr William Irvine & The Irvine Memorial Hospital (2019)

Afore the Highlands: The Jacobites in Perth, 1715-16 (2019)

Authentic Democracy (2020)

FORTHCOMING

If Rivers Could Sing: A Year in the Life of a Scottish River (Keith Broomfield, 2020)

The Perth Nursety & Beyond: A Spirit of Enterprise and Improvement (Elspeth Bruce and Pat Kerr, 2020)

William Soutar: Collected Poetry (Kirsteen McCue and Paul S Philippou (eds), 2021)

BY LULLABY PRESS

(An Imprint of Tippermuir Books)

A Little Book of Carol's (Carol Page, 2018)

Diverted Traffic (Avril Duncan, 2020)

All Tippermuir titles are available from bookshops and online booksellers. They can also be purchased directly (with free postage & packing) from
www.tippermuirbooks.co.uk.

Tippermuir Books Ltd can be contacted at
mail@tippermuirbooks.co.uk.

Write yer ain bairnrhyme here!

TIPPERMUIR
· BOOKS LIMITED ·